Misery Bear's

Leitfaden für die Liebe & Herzschmerz

Die Erlebnisse des einsamsten Bären der Welt

Aus dem Englischen von Christoph Bausum

Rowohlt Taschenbuch Verlag

← mein dummes Gesicht

könnte ich bloß lachen

Inhalt

ich liebe Hubschrauber

Wen interessiert das?

Die Anatomie von Misery Bear

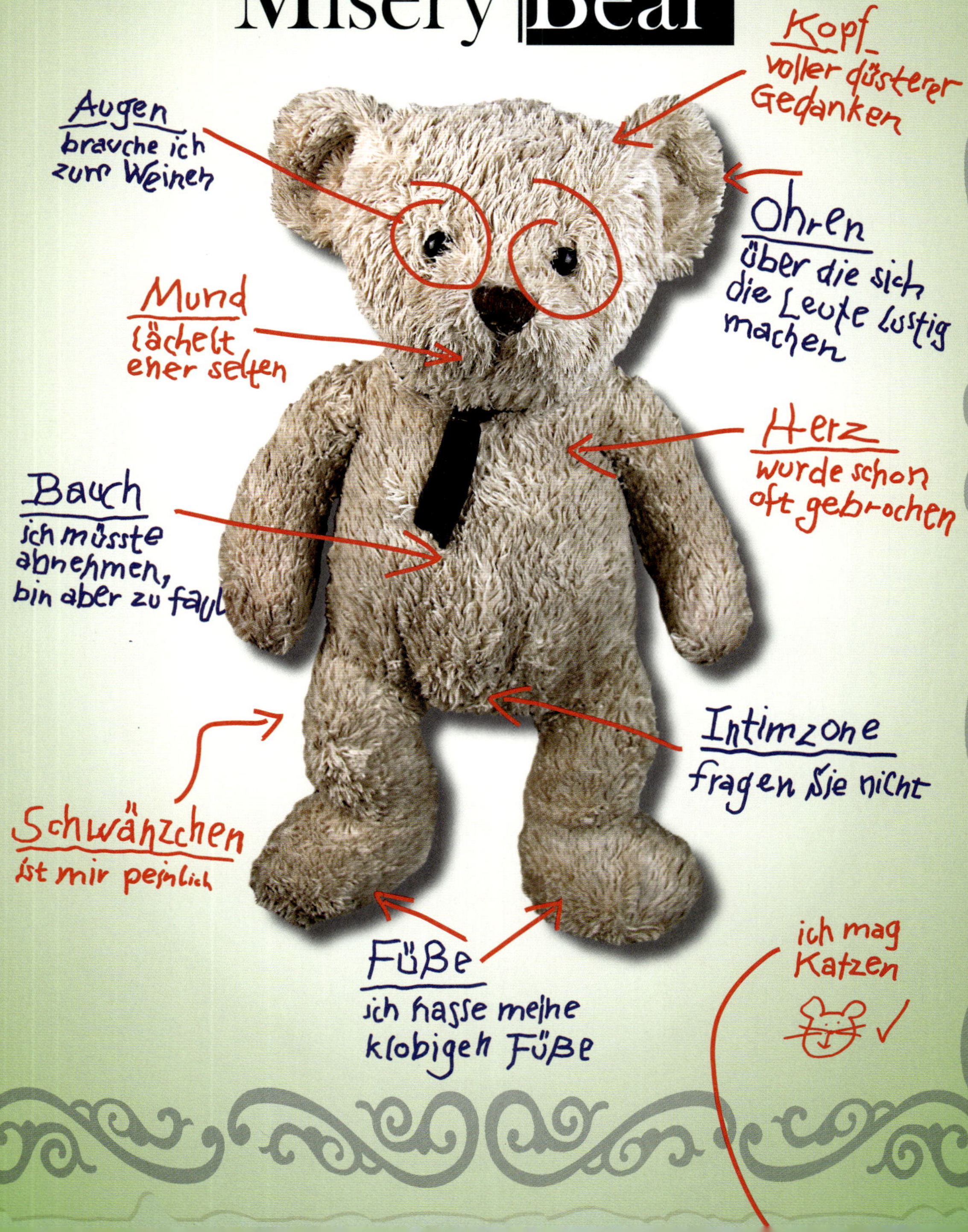

Hallo,

mein Name ist Misery Bear. Ja, ich weiß selbst, dass das ein schrecklicher Name ist. Ich wünschte, meine Eltern hätten sich etwas Netteres ausgedacht. Trevor zum Beispiel. Oder Mr. Fluffington. Aber es ist nun mal nicht zu ändern. So ist das Leben.

Das ist also mein Ratgeber für Liebe und Romantik, aber hauptsächlich für Liebeskummer, mit dem ich jede Menge Erfahrung habe. Ich tue mein Bestes, um Frauen zu beeindrucken, aber aus irgendwelchen Gründen wird mein flauschiges kleines Herz immer und immer wieder gebrochen. Aber keine Angst, der Alkohol hilft mir darüber hinweg. So gerade eben.

Danke, dass Sie mein Buch gekauft haben.
Ich will versuchen, Sie nicht zu enttäuschen.
Obwohl – eigentlich geht es meistens so aus.

Misery Bear
xx

http://www.gebrocheneherzen.bear.com

Depressionen – Bär | Snowboarding – go... | Gebrochene Herzen | HubschrauBÄR

Mein Profil | Posteingang (0) | Partnervorschläge (0) | Angesehen (0) | Zwinkern (0)

Letzter Login: **Sie sind online!**

M_BEAR01

Bin SEHR einsam und SEHR auf der Suche

Status: Single
Größe: 35 cm
Statur: unterdurchschnittlich
Haare: jede Menge
Augen: schwarz
Wohnort: London
Ich suche: Frauen

Interessen: platonisch, feste Beziehung, alles

Beruf: keine Angaben

Bildung: Grundschule, ein wenig Uni

Abschlüsse: mittlere Reife, Grundkurs Erste Hilfe, Barkeeper-Ausbildung, freigeschalteter Prestige-Modus bei *Bär im Einsatz*, eine Salsa-Stunde

Rauchen: manchmal

Trinken: immer

Mag: Trinken, Rauchen, Honig, Hubschrauber, Zeichnen, Toast, Jessica Alba, Wolkentage, Verfolgungsjagden, davon träumen, dass ich überwältigend bin, Whisky, Batman

Mag nicht: Kater, Haare schneiden, keine Cocktailzutaten mehr haben, Tatzen in der Tür einklemmen, große Fahrräder, Geister

GLÜCKWUNSCH! SIE HABEN 00 PARTNERVORSCHLÄGE

Besuchen Sie unsere Sponsoren

Bleiben Sie die ganze Nacht am Ball

VIAGRRR

Und die Hoffnung steigt

Suchst du Spaß?

Profile durchsuchen und mit sexy Singles chatten

Jetzt Mitglied werden

BAD DATES

Ich traf Maria in einer Bar, wo sie auf einer kleinen Bühne tanzte. Sie war sehr lustig und schlug für Geld sogar Rad. Wir gingen zusammen in die Disco. Da wurde sie von einem sehr gut aussehenden Bären namens Jeff angebaggert. Ich holte mir auf dem Heimweg einen Döner und schaute allein *Star Wars*.
Keine Ahnung, was sie jetzt macht, aber ich glaube, ich habe sie neulich in einem Video im Internet gesehen.

Name: *Maria Mendoza*
Heimat: *Brasilien*
Mag: *tanzen*
Mag nicht: *mit mir tanzen*

Romantische Ausflüge: Picknick

Ein Picknick ist eine tolle Möglichkeit, einen Schwarm beliebigen Geschlechts zu umwerben.

VORTEILE: Trinken im Freien, Blumen, Muffins, Marmeladensandwiches, Wolken betrachten, Freiluft-Knutschen

NACHTEILE: aggressive Bienen, aggressive Ameisen, aggressive Wespen, Heuschnupfen, im Park eingeschlossen werden, «Tretminen»

Liebesbrief #1

Liebe paMela,

ich habe auf dem Flohmarkt eine schreib-mAschine gekauft und dachte, ich könnte DIr schreiben, obwohl ich dauErnd Feeler... Felher.. Fahler mache... es war wirklich nett, Dich neu-lich im PArk zu treffenn. Danke, dass Du Dei-nen Hund von meinem Bein wegGezogen hast. Es tuT mir leid, dass ich diesen Stock nach ihM geworfen habe.

Ich wollTe Dich fragen, ob Du gerne einmal eine Tasse schöNen Tee im Café Thirsty Frog in der Nähe des PARks mit mir trinken würdest.
Wie wäre es am SamstAg um 14 uhr?

misEryy bear xx

p.s ich glaube hunde sind im ThirsTy froog nicht erlaubt, du wirst ihn also vor der Tür anbinden müssen. Ich kann einen strick mitbringen, so wAS habe ich immer zU hause, wenn du keinen hast. Dann kann er nicht weglAufen.

Dating-Tipps für einsame Herzen

Verabredungen mit dem anderen Geschlecht sind ein echtes Minenfeld, wie ich nur zu gut weiß – ich bin schließlich schon oft genug in die Luft geflogen. So schützen Sie sich vor Verletzungen.

SEIEN SIE PÜNKTLICH

Für Frauen ist es OK, wenn sie sich ein wenig verspäten; Männer – und Bären – dagegen sollten immer pünktlich sein. Ich komme normalerweise vier Stunden vorher zum vereinbarten Treffpunkt, um den besten Tisch zu ergattern. Und mich zu betrinken.

ACHTEN SIE AUF IHR AUSSEHEN

Nie werde ich vergessen, wie ich einmal mit einem rosa Hut zu einem Date ging. Das war keine besonders gute Idee – ich hätte nicht auf diesen Hutverkäufer hören sollen.

MACHEN SIE IHR KOMPLIMENTE

Menschen lieben Komplimente, anders als Bären, denen sie oft peinlich sind. Ich werde knallrot und muss mir das Gesicht waschen gehen. Gute Beispiele für Komplimente sind etwa «Du riechst ganz OK!» oder «Du hast süße Ohren».

SPRECHEN SIE NICHT ÜBER FRÜHERE BEZIEHUNGEN

Ich war einmal mit einem Mädchen aus, das ständig erzählte, wie toll ihr Ex war. Ehrlich gesagt klang er schon ziemlich cool. Und als er unerwartet auftauchte, gab ich ihm die Hand und schaute dann zu, wie er mit meinem Date verschwand. Seufz.

MEIDEN SIE KONTROVERSE THEMEN

Reden Sie auf keinen Fall über Religion, Magenprobleme, Mäuse, die Bärenunruhen von 1982, Operationen oder Aliens. Ich vermeide, davon zu erzählen, wie ich mich einmal mit einem Gürtel an einer Türklinke erhängen wollte. Das verdirbt den Leuten den Appetit auf den Nachtisch.

Misery Bear's COCKTAIL-REZEPTE

Dieser Cocktail ist eine Mischung aus Rum, Zitronen und allem, was ich sonst noch so im Kühlschrank finde – und er heißt wie mein liebstes Kleidungsstück: My Tie! Wenn man die Augen zusammenkneift, sieht er beinahe aus wie ich, und manchmal schaue ich ihn einfach nur an und frage mich, ob das andere Ich mit mir reden wird. Ein oder zwei Mal hat er das getan, mich einen Loser genannt und mich aufgefordert, mein Haus anzuzünden.

Ein trauriges Leben

DER BÄR, DER MICH LIEBTE → oder «Der Bär mit dem goldenen Colt»??? «Leben und Bären lassen»?

Szene 20

INNEN. KASINO. NACHT

MISERY BEAR betritt im Smoking das Kasino. Er sieht total cool aus, und alle wollen so sein wie er.

BARKEEPER
Möchten Sie einen Drink, Sir?

MISERY BEAR
Acht Martinis. Vier geschüttelt,
vier gerührt. Bitte. ← Besser 18 Martinis

Eine attraktive Frau, ANNIE MALL, stellt sich neben MISERY BEAR an die Bar. Sie ist eine Spionin, was er aber noch nicht weiß.

N. B.: Annie muss toll aussehen

ANNIE
Ich glaube, wir hatten noch nicht
das Vergnügen. Mein Name ist Annie Mall.

MISERY BEAR
Ich bin auch ein Tier. Kann das Zufall sein?

MISERY BEAR hebt eine Augenbraue. ANNIE lächelt. Sie will ihn heiraten. MISERY BEAR streckt seine Hand aus.

MISERY BEAR (SPRICHT WEITER)
Mein Name ist Bear. Misery Bear.

Misery Bear?

ANNIE
Hmm. Freuen Sie sich, mich zu sehen,
oder ist das eine Pistole in Ihrer Tasche?

MISERY BEAR
Es ist eine Pistole in meiner Tasche

BARKEEPER
Das macht 110 Pfund, bitte.

MISERY BEAR
Was? Das ist viel zu teuer.

MISERY BEAR und der BARKEEPER kämpfen. MISERY BEAR ist großartig und wirft den BARKEEPER aus dem Fenster, wo er stirbt. ANNIE ist jetzt richtig scharf auf MISERY BEAR. Sie küssen sich

ANNIE
Sieht aus, als müsste ich Sie im Auge behalten.

MISERY BEAR
Es wird Ihnen nichts anderes übrigbleiben. ← Das wird cool!!!

MISERY BEAR muss plötzlich mit ein paar Ganoven kämpfen.

Misery Bear
ist

DER BEAR, DER MICH LIEBTE

Pandas sind Pfeifen im Bett.

Rennen Sie nicht vor einem Bären davon. Er will Ihnen nur etwas geben.

Alkoholismus und Honigsucht sind unter Bären weit verbreitet.

Bear Facts

Ein paar Dinge, die Sie vermutlich noch nicht über Bären wussten. Sie sind alle wahr.

Männer, die sich im Internet als «Bär» bezeichnen, lügen.

Grizzlys lieben es, wenn man sie kitzelt. Probieren Sie's aus!

Bären, die zu viel Honig essen, haben klebrigen Schwe

Koalas sind keine Bären. Ich hasse Koalas. Wenn ich einen Koala treffe, haue ich ihm auf die Nase.

Leihen Sie niemals einem Eisbären Geld – Sie werden es nicht wiedersehen.

Die 5 besten Songs zum Gin-Trinken in der Badewanne

Nach einem langen Tag im Büro gibt es nichts Besseres als ein schönes warmes Bad, um all den Schmutz und den Geruch der Menschen aus dem Pelz zu waschen. Mit Gin.

5

Only Love Can Break Your Heart von Neil Young

Neil Young ist ein ungepflegter Jammerlappen – aber was er singt, ist wahr. Nichts kann einem so das Herz brechen wie die Liebe. Ich habe oft geliebt, bin aber nie zurückgeliebt worden. Danke, Schicksal!

4

re:stacks von Bon Iver

Dämlicher Name für einen Song, aber er ergreift mein pelziges kleines Herz und hält es fest wie ein hungriger Wolf ein Hühnchen. Wenn ich ihn höre, muss ich schniefen.

3

Hurt von Johnny Cash

Ich glaube, Johnny Cash und ich hätten gute Saufkumpane werden können, damals. Ihm zu Ehren trage ich meinen schwarzen Schlips. Nicht schlecht für einen Menschen.

2

Eleanor Rigby von The Beatles

«Ahhhh, look at all the lonely people.» Für Bären klingt das manchmal wie Sarkasmus. Dann habe ich das Gefühl, Lennon lacht mich aus.

Boys Don't Cry von The Cure

Das stimmt genauso, wenn man stattdessen «Bears Don't Cry» singt. Natürlich weinen wir, aber ich glaube, der Typ mit dem Lippenstift hat es ironisch gemeint, als er den Song schrieb.

1

Tatzengedichte

So kalt wie mein Herz

Des Winters Kälte
Lähmt mein Leben
Ein Blick von dir
Lässt mich erbeben

Wir geh'n zu dir
Du kochst für mich
Und stellst geback'ne
Leber auf den Tisch

Ich kotze sieben Stunden lang

Stars zum Schmachten

Hier sind einige der wundervollen Damen, mit denen ich sooo gerne einmal ausgehen würde. Wenn Sie eine davon kennen, geben Sie ihr bitte meine Telefonnummer …

ANGELINA JOLIE

Ich habe ein wenig Angst, dass sie zu kleinen Bären wie mir ein bisschen grob sein könnte. Ich würde Angelina gerne zum Erdnussbutter-Sandwiches-Essen und Küssen zu mir nach Hause einladen.

KYLIE

Einmal habe ich Kylie einen Tweet geschickt und sie um ein Date gebe-ten. Ihre Antwort war: «OK». Wahre Geschichte. Und hatte ich ein Date mit ihr? Nein. Bisschen unhöf-lich von ihr, wenn Sie mich fragen.

HALLE BERRY

Ich habe einmal einen Film gesehen, bei dem sie ihr Top auszog. Seitdem habe ich regelmäßig Träume, in denen ich mit ihr verheiratet bin und sie nie ein Top trägt.

Misery Bear's COCKTAIL-REZEPTE

BANANA DAQUIRI

Dieser Cocktail besteht aus **Rum**, **Sahne**, einer **Banane** und ein paar **Paracetamol** gegen den Kater am nächsten Morgen. Es ist ein toller Drink, der jedem, dem Sie ihn servieren, ein Leuchten in die Augen zaubert. Man kann die Banane auch weglassen, und ehrlich gesagt trinke ich ihn so am liebsten. Ich hasse Bananen.

Ein trauriges Leben

mein Koffer

Tokio: Wurde in der U-Bahn fast zerquetscht, konnte niemanden verstehen. Sehr viel Sake getrunken.

Frauen getroffen: 0
Godzillas gesehen: 0

Ferien in HERZ SCHMERZ

Seit ich endlich einen Pass habe, suche ich auf der ganzen Welt nach der großen Liebe. Ob ich sie gefunden habe? Am Ar***

Amsterdam: War in einem komischen Coffee Shop und kann mich nicht mehr erinnern, was dann passierte.

Frauen getroffen: viele (saßen aber alle in Fenstern)
Clogs getragen: 0

Sydney: 24 Std. Flug,
2 Kotztüten gebraucht,
durfte nicht in die
Oper. Von Trichter-
netzspinne gejagt.
Frauen getroffen: 0
Von Kängurus getreten: 1

New York: Hektische
Stadt, wurde im Central
Park von einem Pferd
gebissen, ein Taxifahrer
sagte «Arschloch» zu mir.
Frauen getroffen:
1 (Freiheitsstatue)

München: Oktoberfest,
bin im Krankenhaus auf-
gewacht, bekam den
Magen ausgepumpt.
Frauen getroffen: 10
(Schwestern)
Frauen geküsst: 0 (habe
mich auf mein Fell überge-
ben)

Meine besten Anmach-Sprüche*

Dein Haar duftet. Darf ich mal riechen?

Ich fühle mich so haarig. Willst du mich rasieren?

Du hast ein tolles Gesicht.

Wenn du eine Kröte wärst, dann wärst du die beste der Welt.

Ich bin kein Typ, der bettelt – aber würdest du bitte, bitte, bitte mit mir ausgehen?

Entschuldige, bist du ein Dieb? Du hast gerade mein Herz gestohlen. Außerdem habe ich gesehen, wie du im Laden geklaut hast.

Mir ist schlecht vor Liebe. Kannst du mir beim Aufwischen helfen?

Hey, du bist mir auf den Fuß getreten! Willst du was trinken?

* die noch NIE funktioniert habe

Romantische Ausflüge:

Museum

Museen sind im Grunde genommen große, schicke Häuser voller alter Bilder. Perfekt, um sein Date zu beeindrucken!

WARUM MUSEEN GUT SIND:

keine Hunde, lassen dich intelligent wirken, Bilder von nackten Frauen (manchmal)

WARUM MUSEEN SCHLECHT SIND:

langweilig, voller Spinner

facebear

Suche

MiseryBear

Verheiratet mit keinem · Heimatstadt London · Geburtstag 29. Februar 1980
Arbeit Würg · Bildung MA in Philosophie

Teilen: Post Foto Link Video

Misery Bear
Hat dieses Elend niemals ein Ende
vor 2 Minuten

Rupert B
Schlappschwanz.
vor 8 Minuten

Paddington B
Komm nachher zu mir. Ich hab ein paar DVDs.
vor 6 Minuten

Misery Bear
@Rupert: Leck mich! @Paddington: Nicht nach dem, was letztes Mal passiert ist.
vor 4 Minuten

Misery Bear
Will jemand mit mir in den Park gehen?
vor 1 Stunde

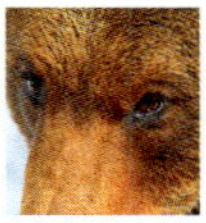
Freund Ben
Nein.
vor 58 Minuten

Honk
Nö.
vor 58 Minuten

Yogi
Nein danke.
vor 51 Minuten

David Attenbär
Verpiss dich.
vor 41 Minuten

Bertie Bär
Nein.
vor 38 Minuten

Pinnwand
Info
Fotos (500)
Info
Freunde (15)

Schüchterner Brauner

Lisa H

Pete Shirley

Petrie

Werner Herzog

Paul Doolan

Kummerkaste

Geteiltes Leid ist doppeltes Leid. Oder war es halbiertes? Subtrahiertes? Es fällt mir nicht mehr ein. Egal, hier sind meine Antworten auf Ihre Fragen …

Lieber Misery Bear,
meine Freundin hat mir gestanden, dass sie einen anderen hat, und mit mir Schluss gemacht. Ich bin am Boden zerstört, ich kann nicht aufhören, an sie und an unsere gemeinsame Zeit zu denken. Was soll ich tun?
Mike Paptch

Lieber Mike,
ich wurde schon sehr oft verlassen und sitzengelassen – und die gute Nachricht ist, dass eines Tages die Sonne die Erde verbrennen wird und wir dann alle tot sind. Bis dahin machst Du es am besten wie ich: Trinke, bis es nicht mehr wehtut. Oder zumindest, bis Du das Bewusstsein verlierst.
MB

Lieber Misery Bear,
ich bin total verknallt in den Typ, der in meinem Lieblings-Coffeeshop arbeitet, aber ich traue mich nicht, es ihm zu sagen. Wie kann ich ihm meine Gefühle gestehen, ohne mich zum Narren zu machen?
Sandra Durks

Liebe Sandra,
wenn ich in Deiner Situation wäre, würde ich einen Kaffee bestellen und dann sagen: «Ich liebe dich!» Das erklärt wahrscheinlich, warum ich keine Freundin habe, also lass es lieber. Warum gehst Du nicht lieber mit mir aus? Ich bin frei.
MB

Lieber Misery Bear,
manchmal fühle ich mich so allein – als sei ich gar nicht Teil der realen Welt, sondern vollkommen isoliert von allen anderen. Ich schleiche herum wie ein Geist, den keiner sieht und der keinen interessiert.
Mr. Pipes

Lieber Mr. Pipes,
tut mir leid zu hören, dass Sie sich allein fühlen. Sie sagen, dass Sie sich wie ein Geist fühlen, und wenn ich Ihren Brief nochmals durchlese, frage ich mich, ob Sie nicht recht haben. Mir ist das egal, aber bitte spuken Sie nicht bei mir zu Hause, ich würde mich furchtbar erschrecken.
MB

Lieber Misery Bear,
meine Frau findet Sie total süß, und wir haben uns gefragt, ob Sie nicht mal abends bei uns vorbeischauen und ein bisschen «Spaß» haben wollen. Meine Frau macht einen tollen Shepherd's Pie, und wir haben auch einen Billardtisch. Was meinen Sie?
Phil und Brenda

Lieber Phil, liebe Brenda,
OK, das klingt gut. Ich liebe Shepherd's Pie, und obwohl ich nicht besonders gut Billard spiele, ist das allemal besser, als allein zu Hause zu sitzen. Ohh ... Moment mal ... oh, klar – «Spaß». Nein. Nein, ich will nicht zu Euch kommen, Ihr Ferkel.
MB

Lieber Misery Bear,
ich habe das Gefühl, in unserer Ehe ist der Funke erloschen. Was kann ich tun, um ihn wieder neu anzufachen?
Becky Grinsdale

Liebe Becky,
ich komme jeden Abend von meinem öden Job nach Hause, schiebe mir was in die Mikrowelle, strecke vor dem Fernseher die Tatzen aus und schütte mir eine halbe Flasche Bourbon rein. Oft komme ich morgens kaum aus dem Bett, so habe ich mein schreckliches, sinnloses Leben satt. Ich muss dauernd weinen, und mancher Tag geht vorbei, ohne dass ich mit einem einzigen Menschen gesprochen hätte. Krieg Dich wieder ein.
MB

Misery Bear's COCKTAIL-REZEPTE

Für diesen Cocktail verwendet man einen **Likör**, dessen Namen ich nicht schreiben kann. Er schmeckt ziemlich gut, aber er färbt die Zunge blau. Es ist ein romantischer Cocktail, denn der **kleine Schirm** wird Ihre Partnerin an romantische Urlaubstrips erinnern. Mich erinnert er bloß an strömenden Regen. Am besten mit **zwei Zigaretten** serviert.

BLUE LAGOON

Ein trauriges Leben

Bären-Tipps zur Körperpflege

1 WASCHEN SIE ALLES

Niemand mag einen schmutzigen Bären, darum sollte man sich mindestens zweimal täglich waschen. Ich hasse das Waschen, weil ich ewig brauche, um wieder trocken zu werden – besonders in meiner Intimzone. Außerdem sind meine Augen, Ohren und meine Haut sehr empfindlich.

2 SPRÜHEN SIE SICH EIN

Liebe geht durch die Nase – wenn Sie also nirgendwo landen können, liegt es wahrscheinlich daran, dass Sie miefen wie ein Furz. Damen riechen aus irgendeinem Grund immer gut. Mein Lieblingsparfüm ist «Musky Sausage – Pour Bear». Damit fühle ich mich als ganzer Kerl.

3 DIE BARTREGEL

Einige Frauen lieben Bartstoppeln, aber denkt dran, Jungs: Keine Frau vertraut einem Mann mit Bart. Ich auch nicht; ich finde solche Leute seltsam. Es gibt viele Frauen, die sich nicht die Beine rasieren, und ich finde das völlig OK. Bei behaarten Füßen ist bei mir allerdings Schluss. Das ist total daneben.

4 MUND-ZU-MUND

Wer den ganzen Tag lang trinkt, raucht und scharfe Thai-Erdnüsse isst, darf sich nicht wundern, wenn es aus seinem Mund riecht wie aus einem Hundezwinger. Ich putze mir zweimal täglich die Zähne, und ich putze auch meine Zunge, obwohl das oft meinen Würgereflex auslöst – und wenn ich mich übergeben muss, rieche ich anschließend noch schlechter als vorher.

Tatzengedichte

Beschwingten Schritts

Des Frühlings Wärme bringt mir Freude
Hoch oben Vögel zwitschern froh
Ich denk, ich werd mich heut' verlieben
Ich weiß nicht recht, wieso

Doch Stund' um Stunde geht vorbei
Und immer noch bin ich allein
Ein Vogel spottet über mich
Drum heb ich auf 'nen Stein

Mein Wurf verfehlt sein Ziel, doch seh ich
Wo der Stein hinfällt
Er landet auf dem Dach des Autos,
das quietschend vor mir hält

Zwei Polizisten steigen aus
Ich renne, falle hin
Verbring die Nacht auf einem Baum
Mit aufgeschlag'nen Knien

BAD DATES

Als junger Bär hatte ich einen Ferienjob auf dem Reiterhof. Polly arbeitete auch dort, und ich mochte sie sofort. Sie nannte mich immer «Pommy Bear» und machte Witze, dass die Pferde mich treten würden. Ich bat sie um ein Date, doch bevor sie antworten konnte, trat mich ein Pferd quer über die Weide.

Name: Polly Pucker
Heimat: Australien
Mag: Pferde, Lachs, Halsketten
Mag nicht: kaltes Wetter, mich

Mein Tagebuch – *Montag*

9 *Uhr:* In meinem Vorratsschrank sind Ameisen. Habe vergessen, was man dagegen tut. Muss man Salz auf sie streuen?

11 *Uhr:* Muss mein ganzes Essen wegwerfen – sogar im Vanilleeis sind Ameisen! Habe Hunger, deshalb gehe ich einkaufen.

13 *Uhr:* Zurück aus dem Laden fällt mir ein, dass ich das Salz für die Ameisen vergessen habe. Werde stattdessen Zucker nehmen.

15 *Uhr:* Hätte keinen Zucker nehmen sollen. Jetzt ist die ganze Küche voller Ameisen. Offenbar MÖGEN Ameisen Zucker.

17 *Uhr:* Finde sieben Ameisen in meinem Bett. Kein guter Tag.

twitbear

MiseryBear

Heute stand in meinem Horoskop: «Sie werden einen beschissenen Tag haben. Bleiben Sie im Bett.» Vielleicht mache ich das wirklich.

vor etwa 5 Stunden via Twitbear für iPaw

@MiseryBear: Hab mich gerade vollgekotzt. Waren wohl zu viele Baileys zur Pizza vor dem Schlafengehen. Bäh.
15. März

@MiseryBear: Habe zwei Schlaftabletten unter meine Nudeln gemischt, jetzt fühlen sich meine Tatzen ganz taub an.
10. März

@MiseryBear: Es ist Freitagabend, ich habe mir zu Hause was in die Mikrowelle geschoben, und ich glaube, meine Nachbarn haben Sex. Tötet mich.
4. März

@MiseryBear: Bin neulich in meiner Recyclingtonne steckengeblieben. Jetzt müffelt mein Pelz.
25. Februar

@MiseryBear: Verpiss dich, @ratbanjos. Du bist ein stinkender böser Mensch, und wenn ich dich treffe, werde ich dich beißen.
10. Februar

@ratbanjos: Hey @MiseryBear, warum hörst du nicht einfach mal auf zu jammern, du Waschlappen?
10. Februar

@MiseryBear: Hab gerade im Zug ein Fellknäuel hervorgewürgt. Wie peinlich!
29. Januar

@MiseryBear: Ohh wuppsi! Ichebin gerade betrunnken? Hallo! Wass kuckstU? I<3 you! xxOOx
3. Januar

@MiseryBear: Wollte gerade schreiben, dass das mein schlimmstes Weihnachten war, aber letztes Jahr hat mein Fell an einer Kerze Feuer gefangen, und ich musste zum Notarzt. Das war noch schlimmer.
25. Dezember

Name Misery Bear
Location Hölle auf Erden
Web www.misery...
Bio Bin betrunken, wütend, deprimiert, einsam, traurig, betrunken, genervt, flauschig und betrunken. Und du?

885	following
9	following
1	listed

Winks 2,436

Favourites

following

view all...

Kritzeleien
george clooney
soll ich mir einen bart wachsen lassen?
hap
Fallschir
eiffeltu
MIST
ich hasse diesen Kerl
meine bilder sind mist
im with stupid
huhn oder henne?

fliegenmännchen
seine freundin
angelina jolie ohne haare
mau
katz
ich
wo ist meine große liebe
blöd
ich bin ein roboter
ich hasse es
muffins forever

Romantische Rezepte

Ich habe schon immer gerne für andere gekocht. Selbst wenn keine Liebesgeschichte daraus wird – wenigstens muss man anschließend nicht allein abwaschen.

FISH & EGGS

In der freien Natur essen Bären lebende Lachse und rohe Eier aus Vogelnestern. Ich persönlich finde das eklig – ein pochiertes Lachsfilet mit Spiegelei kann dagegen durchaus Eindruck machen. Allerdings werden meine Eier immer zäh.

PIZZA

Ich liebe Pizza. Meine beste Pizza war mit Schinken, Rucola, Kapern, Eiskrem, Äpfeln, Thunfisch, Rindfleisch, Honig, Gorgonzola und Erdbeeren belegt. Die Frau, für die ich sie machte, ist allerdings inzwischen gestorben.

STEAK & CHIPS

Was könnte romantischer sein, als seiner Angebeteten tief in die Augen zu schauen, während man auf einem riesigen, halbrohen Fleischlappen herumkaut? Man muss nur darauf achten, dass keine Fasern zwischen den Zähnen hängenbleiben, die man dann mit den Tatzen herausreißen muss (sieht nicht sexy aus). In Filmen essen die Helden immer Steaks, aber ehrlich gesagt kriege ich davon Darmprobleme.

Wie man ein romantisches Menü serviert

- Das Licht dimmen
- Den ersten Gang servieren
- Sich für die heiße Suppe entschuldigen, die auf Ihrem Date gelandet ist
- Schnell das Licht wieder anmachen
- Krankenwagen rufen
- Date fragen, ob sie nach der Entlassung aus dem Krankenhaus gern wieder zu Ihnen kommen möchte

Liebesbrief #2

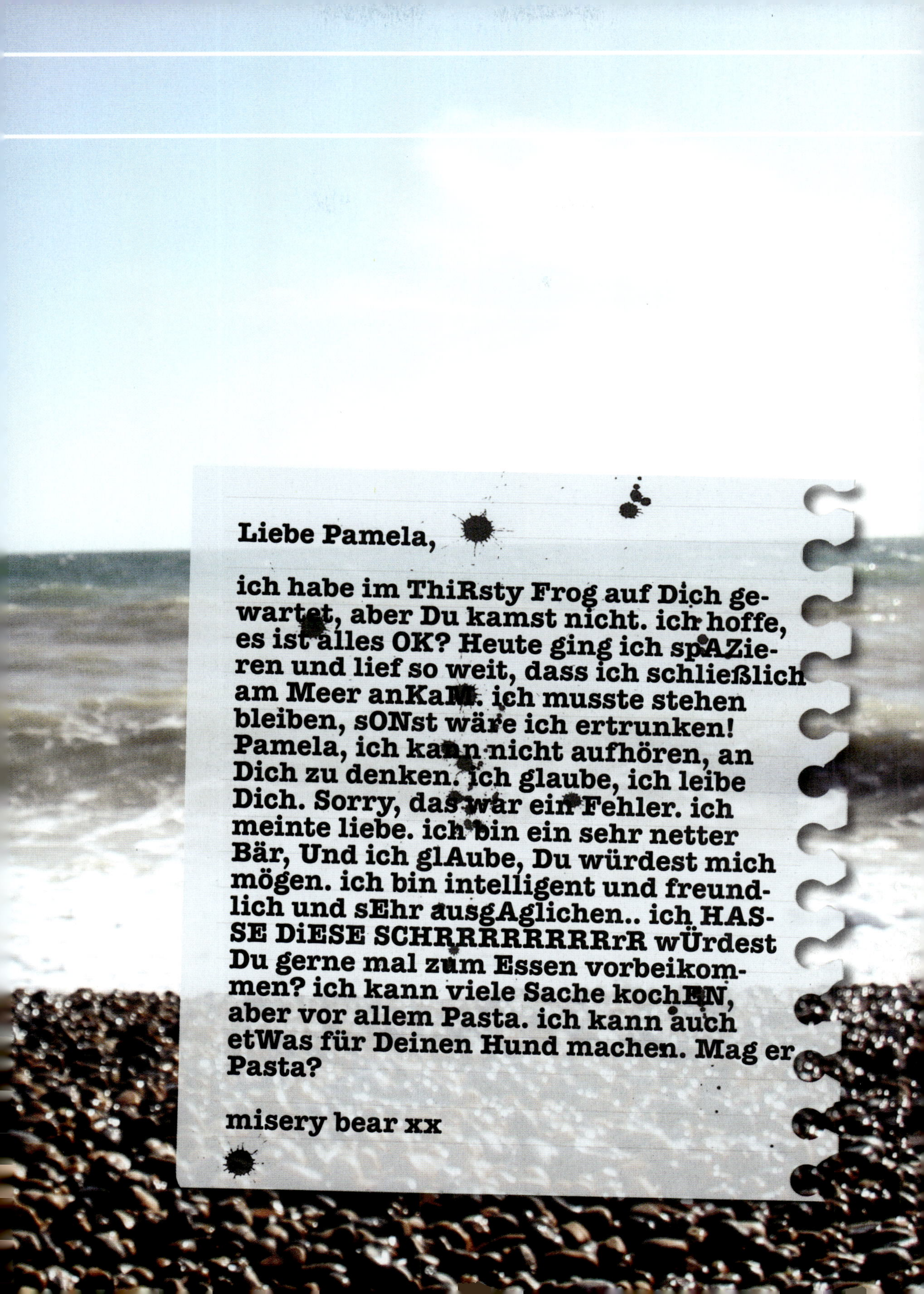

Liebe Pamela,

ich habe im ThiRsty Frog auf Dich gewartet, aber Du kamst nicht. ich hoffe, es ist alles OK? Heute ging ich spAZieren und lief so weit, dass ich schließlich am Meer anKaM. ich musste stehen bleiben, sONst wäre ich ertrunken! Pamela, ich kann nicht aufhören, an Dich zu denken. ich glaube, ich leibe Dich. Sorry, das war ein Fehler. ich meinte liebe. ich bin ein sehr netter Bär, Und ich glAube, Du würdest mich mögen. ich bin intelligent und freundlich und sEhr ausgAglichen.. ich HASSE DiESE SCHRRRRRRRRRRrR wÜrdest Du gerne mal zum Essen vorbeikommen? ich kann viele Sache kochEN, aber vor allem Pasta. ich kann auch etWas für Deinen Hund machen. Mag er Pasta?

misery bear xx

BAD DATES

Einmal machte ich bei einem Hüpfball-Contest für Comic Relief mit. Aber niemand wollte für mich spenden, und ich war drauf und dran aufzugeben, als ich noch an eine letzte Tür klopfte. Wie sich herausstellte, war es das Haus von Kate Moss. Sie bat mich hinein, und bald waren wir beide ziemlich betrunken. Sie flüsterte mir ins Ohr, dass sie mir oben «etwas Besonderes» zeigen wollte. Ich dachte, sie will mich ins Bett kriegen, aber wie sich zeigte, hatte sie dort einen Schrein für mich errichtet. Bisschen plemplem, ehrlich gesagt. Ich wollte mich schnell verdrücken, aber sie verfolgte mich die Straße entlang, und ich wurde von einem Auto angefahren. Als ich zu mir kam, war ich in ihrem Abstellraum eingeschlossen. So wurden wir ein Paar (sie hatte mir die Füße gefesselt) und gingen ein paar Jahre miteinander. Es war ganz nett, aber irgendwann hatte ich die ganzen Paparazzi satt. Ich machte Schluss, und sie schickte mir ein paar SEHR wütende SMS. Die letzte war: «DU GEHÖRST MIR, BÄR!» Oje.

Name: *Kate Moss*
Beruf: *Model*
Mag: *Mode, Musik, Partys*
Mag nicht: *Kontaktverbote*

Do's und Don'ts beim Kennenlernen der Eltern

Do: der Mutter Komplimente über ihre Kleidung machen
Don't: dem Vater Komplimente über seine Kleidung machen

Do: von Ihrem ersten Treffen erzählen
Don't: von Ihrem ersten Sex erzählen

Do: über Ihre Ziele sprechen
Don't: versprechen, sie zu erreichen

Do: eine Flasche Wein als Gastgeschenk mitbringen
Don't: sie alleine austrinken

Die 5 besten Filme, um sein Taschentuch vollzuweinen

Manchmal muss man sich einfach im Kino mal so richtig ausheulen. Das reinigt die Tränenkanäle. Hier sind fünf Filme, die bei mir alle Schleusen öffnen ...

5 Feld der Träume

Ich habe Papa-Probleme. Das haben die meisten Bären. Wenn dann Kevin Costners Papa als Geist erscheint und ... schnüff ... ihn auffordert, eine Runde Baseball mit ihm zu spielen, dann ... ich kann nicht weiterschreiben ...

4 Beaches – Freundinnen

Als kleiner Bär schlich ich mich heimlich ins Kino, um ihn zu sehen, weil ich dachte, es wäre ein netter Film über Ferien und Sonne und so weiter. War es nicht. Es war über eine Frau, die stirbt ... schnief.

3 Der Sturm

Ist traurig, a) weil er wahr ist und b) weil eine Geschichte, bei der ein Haufen netter Fischer ertrinken, einfach traurig ist, Punkt. Oh, hab ich jetzt das Ende verraten? Sorry.

2 Sein Freund Jello

Treuer Hund verteidigt Familie, wird am Ende erschossen. Als ich ihn zuerst sah, musste ich so tun, als hätte ich Chilipulver ins Auge bekommen. Bin nicht sicher, dass mein Date mir das abnahm (hab sie nie wiedergesehen).

1 Ist das Leben nicht schön?

Sehen Sie? Ich bin gar nicht der miesepetrigste Bär der Welt. Ich weine auch bei einem Happy End. Ich schaue mir diesen Film jedes Jahr an Weihnachten an, allein mit meiner Flasche Sherry. Und ich schluchze mir mein kleines pelziges Herz aus dem Leib.

MEINE ERSTE LIEBE

AM NÄCHSTEN TAG
ICH KANN NICHT GLAUBEN, DASS WIR ZUSAMMEN-ZIEHEN! DAS MUSS LIEBE SEIN!
ICH GEHE CHAMPAGNER KAUFEN, DAMIT WIR FEIERN KÖN-NEN
OH, TOLL
ICH WERDE DIE TEUERSTE FLASCHE KAU-FEN, DIE ICH MIR LEISTEN KANN
WIEDER ZU HAUSE
HALLO SCHATZ, ICH BIN ZURÜCK!
MAISY?

MAISY?
MISERY!
HEILIGER STROHSACK!
WIE KANNST DU MIR DAS ANTUN?
ICH KONNTE NICHT ANDERS. ER HAT WUNDERBARE UNTERARME

ALSO ...
ES TUT MIR SO LEID, MISERY BEAR
ICH SCHICKE IHNEN DIE UMZUGSRECH-NUNG
WIMMER
ENDE

BAD DATES

Ich lernte Gina im Fitnessclub kennen und war ganz benommen vor Liebe. Zumindest glaube ich, dass das der Grund für meine Benommenheit war – ich war gerade von einem Laufband gefallen. Gina hatte wunderschöne blaue Augen und dunkles Haar wie eine schwarze Katze. Sie lächelte mich an, und ich dachte, dass sie auch in mich verliebt war. Wir verabredeten uns, aber sie versetzte mich. Ich sah sie nie wieder, aber in meinen Träumen sind wir verheiratet, und sie liebt mich mehr als jeden anderen auf der ganzen Welt.

Name: Gina Sparkles
Heimat: Spanien
Mag: alles
Mag nicht: nichts, mich

Mein Tagebuch – Mittwoch

7 Uhr: Wurde geweckt von einer Krähe, die durch mein Fenster hereingeflogen kam und auf meinem Bett landete. Sie pickte nach meinen Ohren, dann flog sie wieder hinaus.

8 Uhr: Kalte Dusche. Nicht freiwillig, sondern weil es in meiner Straße einen Wasserrohrbruch gab. Kann die Seife nicht aus meinem Pelz waschen.

9 Uhr 07: Sieben Minuten zu spät zur Arbeit gekommen. Chef schreit mich vor der ganzen Belegschaft an. Mistkerl.

14 Uhr: Verdrücke mich aus dem Büro und gehe spazieren.

16 Uhr: Schlafe im Park unter einem Baum ein. Als ich aufwache, schaut mich eine Krähe an. Ob es die gleiche ist?

1 Uhr: Wache mitten in der Nacht auf – Albträume mit Krähen!

Misery Bear's COCKTAIL-REZEPTE

Diesen Drink habe ich bei einem Barkeeper in Kanada kennengelernt. Er erzählte mir, dass er bei den Damen sehr gut ankommt und dass ich das auch tun würde, wenn ich nur genug davon trinke. Also trank ich 15 Stück. Vielleicht war es der Ahornsirup, von dem mir so übel wurde, vielleicht war es der Whisky. Jedenfalls war die einzige Dame, mit der ich ins Gespräch kam, die Ärztin, die mir den Magen auspumpte.

MOUNTYS MILKSHAKE

Ein trauriges Leben

Misery Bear geht ins KINO

Aus irgendeinem Grund wollen die Leute von der Comedy-Webseite der BBC ständig kleine Dokumentarfilme über mein schreckliches Leben machen. Eigentlich ist das ziemlich deprimierend, aber sie bezahlen mich mit Whisky, also mache ich mit. Hier sind ein paar davon ...

MISERY BEAR GOES TO WORK

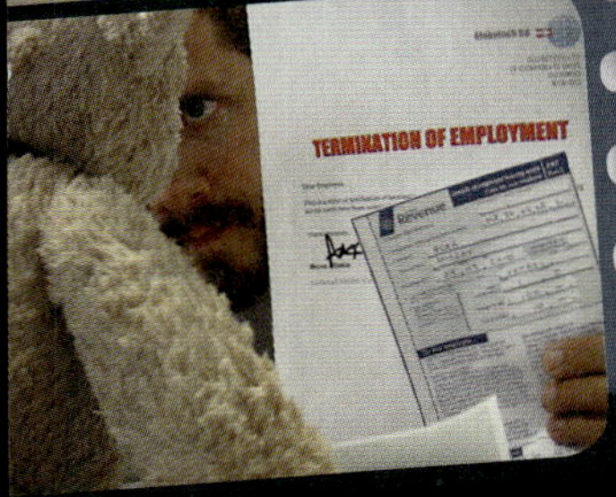

Dieser Film war meine Idee. Ich wollte den Leuten die niederschmetternde Langeweile meines dämlichen Jobs zeigen – und auch, wie ich gefeuert wurde. Alles, was man darin sieht, ist wahr – mein nickender Vogelfreund, die armselige Käsescheibe auf meinem Sandwich, mein Arschloch von einem Chef ... die reine Hölle.

MISERY BEAR GOES TO THE SEASIDE

Ich war in Brighton am Meer, weil ich darüber hinwegkommen wollte, dass meine große Liebe Daisy Barkington mit mir Schluss gemacht hatte. Nun ja, die Beziehung war wohl eher einseitig. Mir sagte sie, dass sie mich nie geliebt hat und sich meistens nicht an meinen Namen erinnern konnte. In der Achterbahn musste ich mich übergeben, eine Möwe kackte auf meine Pommes, und das Foto von Daisy und mir fiel ins Meer und versank. Und ja: Ich bin auch reingefallen.

MISERY BEAR'S VALENTINE'S DAY

Ich habe noch nie einen Valentinsgruß bekommen. Als mir klar wurde, dass ich diesen Tag wie üblich allein verbringen würde, ging ich aus dem Haus, um Alkoholnachschub zu kaufen. In meiner Stammkneipe (das Bridge House in Penge) saß ein hübsches Mädchen am Fenster. Unsere Blicke trafen sich, ich dachte, dass sie auf mich steht. Ich rannte los, um ihr Blumen und Pralinen zu kaufen, es war Liebe auf den ersten Blick. Aber sie wartete bloß auf ihren Freund, einen Trottel mit Brille.

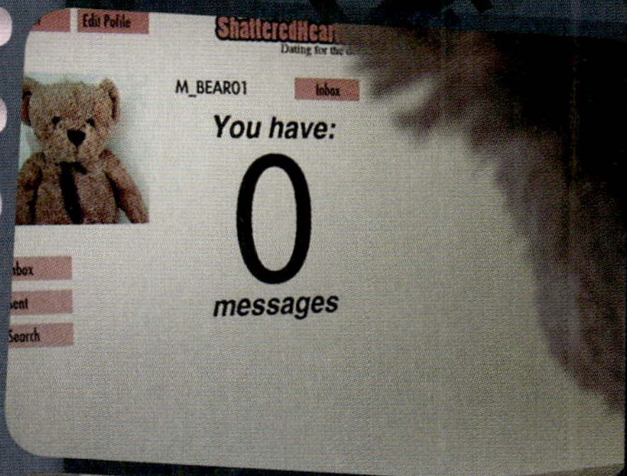

MISERY BEAR PREPARES FOR A DATE

Ich hatte in einer Bar eine nette Dame getroffen und zu mir nach Hause zum Essen eingeladen. Sie sagte zu, und ich konnte mein Glück nicht fassen. Den ganzen Tag war ich damit beschäftigt, meinen Pelz auf Hochglanz zu bürsten und ein tolles Essen zu kochen. Nun ja, das Foto im Kochbuch sah toll aus, aber als ich das Essen auftrug, sah es aus wie Katzenkotze. War aber auch egal – sie tauchte gar nicht erst auf. Wieder ein Abend allein mit einem Sixpack Bier vor der Glotze.

Misery Bear's Nachtgedanken

BAD DATES

Es ist schon Jahre her, da habe ich mich mit Belinda drei Tage lang betrunken. Ich erinnere mich nicht, wo es war, aber irgendwann sagte sie, dass wir in Vegas seien, obwohl ich keine Erinnerung daran habe. Woran ich mich erinnere, ist, dass sie verrückt war, viel fluchte und immer sagte, ich sei ein «toter Bär», wenn ich sie jemals verließe. Sie wollte mich immer anbinden, was ich etwas seltsam fand, deswegen nahm ich einen Zug, als sie nicht aufpasste. Es erinnerte mich daran, dass Liebe verrückt ist – weil sie komplett übergeschnappt war.

Name: *Belinda Knash*
Heimat: *USA*
Mag: *Sambuca*
Mag nicht: *die ganze Welt, mich*

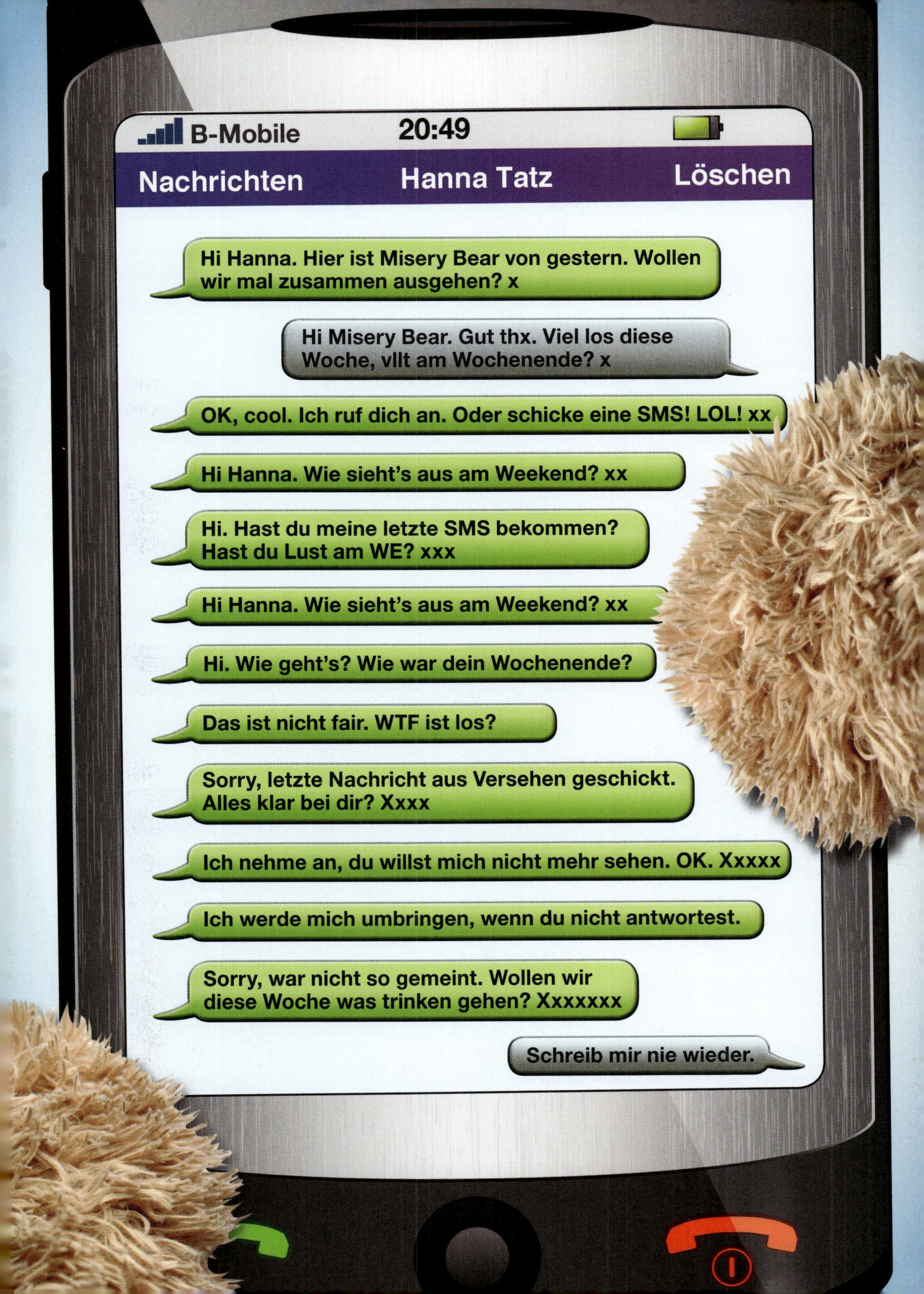
B-Mobile
20:49
Nachrichten
Hanna Tatz
Löschen
Hi Hanna. Hier ist Misery Bear von gestern. Wollen wir mal zusammen ausgehen? x
Hi Misery Bear. Gut thx. Viel los diese Woche, vllt am Wochenende? x
OK, cool. Ich ruf dich an. Oder schicke eine SMS! LOL! xx
Hi Hanna. Wie sieht's aus am Weekend? xx
Hi. Hast du meine letzte SMS bekommen? Hast du Lust am WE? xxx
Hi Hanna. Wie sieht's aus am Weekend? xx
Hi. Wie geht's? Wie war dein Wochenende?
Das ist nicht fair. WTF ist los?
Sorry, letzte Nachricht aus Versehen geschickt. Alles klar bei dir? Xxxx
Ich nehme an, du willst mich nicht mehr sehen. OK. Xxxxx
Ich werde mich umbringen, wenn du nicht antwortest.
Sorry, war nicht so gemeint. Wollen wir diese Woche was trinken gehen? Xxxxxxx
Schreib mir nie wieder.

Eine Beziehung beenden … so geht's

Angenommen, Sie haben mich, ich meine, jemanden, in einer Bar kennengelernt, aber Sie wollen diese Person nicht mehr wiedersehen. Wie macht man Schluss? Hier sind einige Möglichkeiten für alle Herzensbrecher da draußen.*

GANZ DIREKT

Wenn Sie nicht mehr an mir (ich meine, einer Person) interessiert sind, laden Sie sie zum Essen ein und unterhalten Sie sich, als sei alles in bester Ordnung. Dann, gegen Ende des Abends, sagen Sie ihr, dass alles vorbei ist. Schauen Sie, wie sich in meinem Gesicht – ich meine, dem Gesicht der Person – Verzweiflung ausbreitet. Dann bestellen Sie Käsekuchen.

SITZENLASSEN PER TELEFON

Das Telefon klingelt. Ich … ich meine, SIE gehen dran, und es ist Ihr Schatz, der Ihnen sagt, dass er nicht mehr Ihr Schatz sein will. Sie haben Pipi in den Augen. Ich versuche in solchen Fällen immer, das Gespräch so lange wie möglich hinauszuziehen, damit ich wenigstens die Telefonrechnung in die Höhe treibe.

ABSERVIERT PER SMS

Eine Beziehung per SMS zu beenden, ist so ziemlich das Gemeinste, was man tun kann. Es macht mich so wütend, dass ich anfange, an meinen Knien zu kauen (danach habe ich Haare im Mund). Wenn Sie jemanden per SMS abservieren wollen, sollten Sie eine positiv stimmende Audiodatei anhängen. Vielleicht den «Ententanz». Oder «Footloose».

EINFACH VERSCHWINDEN

OK, Sie haben mich – ich meine, eine Person – also in einer Bar kennengelernt. Sie haben gelacht, geredet, sogar Telefonnummern ausgetauscht. Aber jetzt haben Sie Ihre Meinung geändert, und aus irgendeinem Grund haben Sie keine Lust mehr, sich mit mir – ich meine, mit dieser Person – zu treffen. Also reagieren Sie nicht mehr auf Anrufe, SMS oder E-Mails, sondern verschwinden, als habe es Sie nie gegeben. Ich – ich meine, diese Person – fühlt sich ratlos und leer. Und wenn das passiert, esse ich VIEL Pizza. Dummer, dicker Bär.

*** Das basiert keinesfalls auf irgendwelchen persönlichen Erfahrungen.****

**** Tut es doch.**

Liebesbrief #3

Liebe Pamela,

ich hOFFe, Du hast meineN letzten Brief bekommen. und diE neun, die ich dAvor gEschickt habe. ich werde Dir nicht mehr schreiben. Außerdem hat meine sCHreib-maschinnne kaum noch Tinte, deshalb k4nn ich sowieso keine BrieFe meEr schreiben.

GeRade trinke ich etwas und denKe an Dich. ich werde einen trinken für jeDes Mal, das ich aN dich denke. Du wirst imMer einen Platz in meinem Herzen haben, pAmela ...

m sery bear xx

Misery Bear's COCKTAIL-REZEPTE

Ich habe nie verstanden, warum die Leute Oliven in Martinis tun. Es gibt für alles eine Zeit und einen Ort, aber bitte werfen Sie keine Oliven in meine Drinks. In meiner Version habe ich die Olive durch eine Praline ersetzt, das ist viel besser. Außerdem nehme ich keinen Wermut, den finde ich eklig. Im Grunde genommen ist dieser Cocktail ein Erdbeer-Milchshake mit Gin darin. Köstlich.

MISERY MARTINI

Ein trauriges Leben

Mein Tagebuch – Freitag

10 Uhr: Renne, um den Zug zu erreichen. Sehr spät!

10 Uhr 05: Bemerke, dass ich mein Geld vergessen habe. Renne zurück, um es zu holen.

10 Uhr 10: Renne, um den Zug noch zu bekommen.

10 Uhr 15: Komme zu spät zum Bahnhof. Werfe dem Zug einen Donut hinterher.

10 Uhr 16: Werde aus dem Bahnhof gejagt.

10 Uhr 20: Stolpere über einen Hund. Werde nach Hause gejagt.

Top 5 Bücher, die mich jedes Mal zum Weinen bringen

Ich bin ein gebildeter Bär und lese jede Menge Literatur. Und je trauriger das Buch, desto mehr spricht es meine kleine Seele an …

5 Marley & ich von John Grogan
Alle traurigen Bücher, in denen Hunde vorkommen, bringen mich zum Heulen, obwohl die meisten Köter mich gar nicht leiden können. Marley hätte mich wahrscheinlich in Stücke gerissen.

4 Von Mäusen und Menschen von John Steinbeck
Wenn Sie die letzten Seiten dieses Buches lesen können, ohne zu weinen, dann können Sie mir gestohlen bleiben (allerdings hilft es, wenn man zuerst all die anderen Seiten liest).

3 Die Glasglocke von Sylvia Plath
Sie hat sich kurz nach dem Schreiben umgebracht. Ich hoffe bloß, dass DIESES Buch bei mir nicht die gleichen Folgen hat.

2 Einer flog über das Kuckucksnest von Ken Kesey
Ich habe vor ein paar Jahren eine Entziehungskur gemacht, da war alles ganz anders. Eine der Schwestern war ein wenig wie Schwester Ratched. Sie konfiszierte meinen Flachmann.

1 Abbitte von Ian McEwan
Ich will nichts verraten, aber die Enthüllung in diesem Buch trifft einen härter als alles, was man jemals gelesen hat. Es ist heftiger als «Ich bin dein Vater, Luke» und viel, viel trauriger.

BEAR WITH THE WIND

SZENE 118

FEUDALE VILLA. INNEN. TAG

MISERY BEAR kommt eine Treppe herunter. SCARLET O'BEARA rennt ihm weinend hinterher.

SCARLET
Misery! Warum gehst du?

N.B.: wichtig: die Schauspielerin muss Bären mögen

MISERY
Ich habe genug von alldem hier. Es gibt nichts zu tun, und ich muss noch die Wäsche machen.

SCARLET
Ich will mit dir kommen!

MISERY
Das geht nicht. Außerdem habe ich zu Hause nicht genug Platz für deine ganzen Schuhe.

MISERY BEAR geht zur Tür, und SCARLET rennt hinter ihm her. Sie mag ihn wirklich, weil er der beste Bär ist, den sie je getroffen hat.

SCARLET
Aber was soll ich denn allein anfangen?

welche Art von Hut???

MISERY BEAR wendet sich ihr zu und setzt seinen Hut auf.

MISERY
Ehrlich, mein Bärchen, das ist mir egal.

MISERY BEAR verlässt das Haus.

SCARLET
Aber Misery Bear – ich liebe dich!
Bitte heirate mich!

MISERY BEAR bleibt stehen und schaut sie an.

an dieser Stelle sollte sie mich ganz doll küssen

MISERY
Oh. Echt? Oh ... OK. Dann komm mit.

Sie gehen ab und leben glücklich bis an ihr Ende, und MISERY BEAR ist nie mehr traurig.

mir ist gerade aufgefallen, dass der Titel so klingt, als hätte ich Blähungen!!! OH GOTT!!

BEAR WITH THE WIND

Tatzengedichte

Dämmerung unserer Liebe

Du hast die Welt für mich bedeutet
Ich dacht', du wärst die eine
Doch dann verließest du mich mit ihm
Wieder war ich alleine

Könnt' doch das End' ein anderes
Und wir zusammen sein
Wir ritten auf 'nem weißen Pferd
Ins Abendrot hinein

Was bleibt, ist nur Erinnerung
Ich hab dir längst verziehn
Ich wünschte bloß, ich hätt' dir nie
Das ganze Geld geliehn

So, meine lieben Leser – das war's. Das war mein Leitfaden für die Liebe – und mehr noch für den Herzschmerz. Ich hoffe, Sie haben etwas gelernt. Ich habe das auf jeden Fall. Ich habe gelernt, dass es wirklich schmerzhaft für meine Tatzen ist, ein ganzes Buch zu schreiben.

Sollten Sie jemals einem Bären begegnen, der traurig, einsam und möglicherweise betrunken durch die Straßen wandert, dann gehen Sie nicht achtlos vorüber. Wahrscheinlich bin ich es. Der einsame Bär freut sich über ein Winken, ein Lächeln und vielleicht sogar einen Kuss, wenn Sie eine hübsche Dame sind. Denn eines Tages, da bin ich ganz sicher, wird dieses Liebesleid ein Ende haben ...

Misery Bear
xx